AF247775

LA
POLITIQUE UNITAIRE

DU

SECOND EMPIRE

PAR

LE B^{on} DE GALEMBERT

> Les peuples périssent moins
> par les catastrophes militaires
> que par les fausses doctrines.
>
> CAPEFIGUE.

NEVERS

IMPRIMERIE ET LITHOGRAPHIE FAY

Place de la Halle et rue du Rempart, 1

1871

LA
POLITIQUE UNITAIRE

DU

SECOND EMPIRE

PAR

LE B^{on} DE GALEMBERT

> Les peuples périssent moins
> par les catastrophes militaires
> que par les fausses doctrines.
>
> CAPEFIGUE.

NEVERS

IMPRIMERIE ET LITHOGRAPHIE FAY

Place de la Halle et rue du Rempart, 1

1871

I.

L'histoire sera sévère un jour pour la plupart de ceux qui, le 4 septembre 1870, s'emparèrent du gouvernement de la France. Le but de la défense nationale qui pouvait, jusqu'à un certain point, légitimer leur audacieuse dictature, a été complétement manqué par leur faute. Ils ont porté la désorganisation partout dans les armées et dans la société. On vit rarement une telle présomption servie par une telle incurie. Et cependant leurs grandes erreurs ne diminuent en rien la responsabilité de ceux qui les ont précédés au pouvoir. Si les hommes du 4 septembre se sont montrés au-dessous de la tâche qu'ils avaient volontairement assumée, avouons, comme circonstance atténuante en leur faveur, qu'ils avaient reçu des hommes de l'Empire un bien triste héritage. Les premiers, les plus grands coupables, sont ceux-là qui, avec une légèreté sans excuse, ont préparé, déclaré, acclamé la guerre.

Son inopportunité, au mois de juillet 1870, était évidente, tant sous le rapport politique que sous le rapport militaire. Sous le rapport politique, on ne saurait nier que la renonciation du prince de Hohenzollern au trône d'Espagne, avec l'autorisation formelle du roi de Prusse, laissait intact l'honneur de la France, et que la guerre n'avait plus de motif sérieux, même après la fière et intempestive déclaration de M. de Grammont, notre trop ardent ministre des affaires étrangères.

Sous le rapport militaire, non-seulement nous n'étions pas prêts, nous ne le savons que trop, hélas! par une cruelle expérience, mais nous ne pouvions pas l'être, si l'on tient compte des paroles que M. Rouher prononçait en 1867 devant le Corps législatif à l'occasion du projet de loi concernant la réorganisation de l'armée. « Il *faut sept années écoulées*, disait-il, avant que cette institution permanente que nous vous demandons, dans l'intérêt de la patrie, en immolant notre popularité passagèrement, il *faut sept longues années* avant qu'elle soit à l'état de réalisation. »

Malgré une affirmation si positive, malgré les raisons péremptoires que nous venons d'indiquer, et qui faisaient pressentir les dangers de l'entreprise, les conseillers de l'Empereur ou plutôt l'Empereur résolut de s'y engager. On ne voulut rien entendre, ni le langage de la prudence, ni les avertissements du bon sens dont les orateurs de l'opposition, et particulièrement M. Thiers, se rendirent les courageux interprètes. On prétendit qu'ils subissaient l'influence de l'esprit de parti, et la voix du grand homme d'État fut couverte par les murmures d'une majorité impatiente.

Les vapeurs du vote plébiscitaire avaient monté au cerveau de nos gouvernants et les avaient enivrés. Le pouvoir personnel, auquel pesait déjà le régime parlementaire récemment inauguré, crut le moment venu de relever la tête et de s'affirmer à nouveau par ces coups de théâtre, ces solutions brusquées et aventureuses qui lui furent toujours chères. Il espérait détourner les esprits des agitations politiques en les reportant vers les émotions belliqueuses que ne craignit jamais la masse de la nation française. Ne fallait-il pas d'ailleurs que le prince impérial reçût le baptême du feu, après avoir, au mois de mai précédent, reçu de sept millions de voix la consécration de l'hérédité dynastique ?

L'Empereur jeta donc la France dans les hasards de la guerre avec une telle imprudence, qu'on serait tenté de la regarder comme le résultat d'un aveuglement mystérieux et providentiel.

Cet aveuglement s'était communiqué à l'entourage du souverain. Dans ces hauts parages, on se nourrissait des illusions les plus étranges. On s'imaginait qu'il suffisait de mettre en ligne nos braves soldats pour repousser au-delà du Rhin les phalanges ennemies, traverser le fleuve, et aller, un mois après, traiter de la paix dans la capitale de la Prusse.

Napoléon III se fiait sans doute à son étoile; mais il oubliait qu'il n'est pas d'étoile, toute brillante qu'elle soit, qui ne finisse par pâlir et disparaître un jour.

Rapprochement singulier ! Cette guerre néfaste fut déclarée par des gens *qui la voulaient quand même,* et continuée par des gens *qui la voulaient à outrance* ; les premiers obéissant à des préoccupations dynastiques, les seconds à des préoccupations républicaines ; mais ni les uns ni les autres ne tenant aucun compte des véritables intérêts du pays.

Inopportune au moment où elle fut déclarée, la guerre avec la Prusse devait cependant éclater tôt ou tard. Elle était inévitable. Pourquoi ? Ici la question s'agrandit ; pour y répondre, il convient de jeter un regard général sur la politique extérieure pratiquée par le régime déchu.

Les deux grands faits de politique étrangère qui s'accomplirent sous le second Empire, furent l'unité italienne et l'unité allemande. J'essayerai d'esquisser à grands traits les développements successifs de ce travail unitaire, et de rechercher en même temps quelle part d'influence, quelle part même de coopération directe, reviennent à l'intervention impériale dans la solution de ces deux questions.

Je me bornerai d'abord, autant que possible, à la simple exposition des faits, sauf à en déduire plus tard les conséquences nécessaires et la situation que leur ensemble faisait à notre patrie.

II.

De tout temps l'Italie a eu le triste privilége d'être convoitée
et trop souvent envahie par les nations voisines. Son histoire
est, pour ainsi dire, celle des rivalités d'influence et de domi-
nation entre l'Allemagne et la France. Elle reflète tour à tour
l'abaissement, l'élévation de l'élément germanique ou de
l'élément français. La situation de l'Italie, la douceur de son
climat, la fertilité de son sol, la beauté de sa nature, la grandeur de ses souvenirs, expliquent cette aspiration constante
vers sa possession.

A toutes les époques s'échappèrent de la Péninsule des protestations nationales ou individuelles contre la prédominance
et la pression de l'étranger. Les longues luttes des Guelfes et
des Gibelins, qui marquèrent la période du moyen-âge,
prises dans leur ensemble, ne furent pas autre chose. Les
papes, représentant la souveraineté la plus ancienne, la plus
indigène et la plus indépendante de l'Italie, personnifièrent
la résistance persévérante aux empiétements de l'empire. On
regrette que le Dante, cette intelligence merveilleuse, n'ait
pas compris et soutenu la patriotique entreprise de la papauté.
Le césarisme a-t-il donc eu toujours la fâcheuse conséquence
d'éblouir et d'aveugler même le génie ?

Quoi qu'il en soit, disons-le hautement, à l'honneur de l'Italie contemporaine, les protestations contre l'élément étranger ne manquèrent pas dans ce siècle. Les hommes les plus justement considérés de la Péninsule par leur position, leurs talents et leurs vertus, ne cessèrent d'élever la voix, de faire, au péril de leur liberté et de leur vie, les plus généreuses tentatives pour affranchir leur pays du joug germanique. Depuis les traités de 1815, que l'ambition de Napoléon Ier valut à la France, et qui avaient accru la puissance autrichienne en Italie, ces essais d'émancipation furent nombreux, mais ils n'aboutirent pas.

La maison de Savoie, dès son origine, avait constamment pratiqué une politique d'agrandissement et d'annexions. Son ambition guerroyante avait à son service une excellente armée. Fortement disciplinées, les troupes piémontaises sont incontestablement les meilleures de toute l'Italie; elles peuvent être comparées, pour leur élan et leur solidité, aux soldats français. Les bonnes armées sont une garantie de sécurité, mais elles deviennent souvent une tentation de conquête.

Le roi de Sardaigne, Charles-Albert, nourrissait le dessein patriotique d'expulser les Autrichiens du royaume lombardo-vénitien, et de rattacher à sa couronne au moins le Milanais. A tout point de vue ce dessein était fort louable ; car, en émancipant l'Italie, on ne détrônait que l'étranger.

Charles-Albert crut opportun de profiter de l'émotion générale que la révolution de février 1848 avait soulevée en Europe et particulièrement en Italie pour réaliser son entreprise honorable, mais périlleuse. Souverain d'un État de second ordre, il se hasardait, avec les seules ressources que pouvait lui offrir le Piémont, à attaquer la puissance militaire de l'Autriche. Sa chevaleresque devise était celle-ci : « *Italia farà da se.* » Les débuts de la campagne lui furent favorables. L'armée sarde aidée par l'insurrection de Milan et des principales villes de la Lombardie, força les Autrichiens à abandonner cette riche province et à se retirer sous les canons de leur formidable quadrilatère. Le vieux général Radetzky, se sentant là inattaquable, temporisa. Après avoir concentré et réorganisé son armée, il reprit tout-à-coup l'offensive, se jeta sur les troupes piémontaires, les défit en plusieurs rencontres, et réoccupa la Lombardie avec plus de rapidité qu'il n'en avait mis, quelques mois auparavant, à l'évacuer.

Triste retour des choses d'ici-bas ! Charles-Albert triomphant avait été acclamé, à son premier passage à Milan, par l'enthousiasme populaire ; vaincu et fugitif, il se vit exposé à l'insulte et aux menaces en traversant cette grande cité !

L'année suivante, l'armée sarde subissait à Novare un immense désastre qui pouvait compromettre l'intégrité et jusqu'à l'existence de la monarchie piémontaise. L'Autriche se contenta d'une indemnité pécuniaire ; le *statu quo ante bellum* des possessions territoriales du royaume de Sardaigne fut maintenu. Mais Charles-Albert, inconsolable des malheurs qu'il avait attirés sur son pays et sa couronne, dégoûté d'ailleurs par l'ingratitude du peuple qu'il avait voulu délivrer, abdiqua en faveur de son fils, Victor-Emmanuel, et alla cacher, dans un obscur monastère du Portugal, la fin de sa vie, vouée désormais à la tristesse et à la prière.

L'échec de Novare produisit forcément un temps d'arrêt dans les efforts du Piémont pour expulser les Allemands du nord de l'Italie. Le mouvement révolutionnaire, parti de la France, y ayant pris fin momentanément par l'élection présidentielle du prince Louis-Napoléon Bonaparte, se calma, du même coup, dans le reste de l'Europe.

Le président de la République française avait déjà, par sa conduite antérieure, révélé ses tendances au sujet de la question italienne ; il avait pris, ainsi que son frère, quelques années auparavant, une part active à l'insurrection des Romagnes, dirigée contre la souveraineté temporelle du pape. En 1849, s'il envoya des troupes avec la mission de délivrer Rome des garibaldiens et de ramener Pie IX sur son trône, c'est qu'il fut contraint de subir l'énergique impulsion de l'Assemblée nationale. Sa lettre à Edgar Ney, datant de cette époque, prouva jusqu'à l'évidence que ses premières appréciations n'avaient pas été modifiées, et qu'une fois maître de diriger à sa guise les destinées de la France, il chercherait à faire prévaloir ses idées préconçues relatives à l'avenir de la Péninsule. Le coup dÉtat du 2 décembre 1851, d'où devait fatalement découler l'Empire, comme l'effet de sa cause, établit en faveur de Louis-Napoléon une véritable dictature qu'il put mettre à profit tant à l'égard de la politique intérieure que de la politique étrangère.

Le Piémont possédait alors, comme principal ministre, M. de Cavour, homme d'un talent et d'une valeur incontestables, homme de génie même aux yeux de ceux qui pensent que la politique est affranchie des lois de la morale, que la fin justifie les moyens, que le succès légitime toute entreprise.

Il avait un de ces esprits pleins de souplesse qui abordent

les situations, non de front, mais par les sentiers détournés
de la ruse et de l'intrigue. Ne découvrant jamais entièrement
leurs desseins, les hommes de cette nature ne sont pas exposés
aux mécomptes, aux découragements qu'entraîne l'aveu d'une
politique franche et loyale. Libres d'engagements, ils peuvent
suspendre leur marche, reculer même sans être en apparence
compromis par leurs échecs. N'ayant pas de principes absolus,
ne se préoccupant que du contingent et du relatif, ils se lais-
sent difficilement surprendre en contradiction avec eux-mêmes,
dans leurs paroles et dans leurs actes. Leur responsabilité,
ils la mettent sur le compte des événements qu'ils subissent,
disent-ils, mais qu'ils ne prétendent pas diriger. C'est la doc-
trine du fatalisme le plus pur appliqué au gouvernement des
sociétés humaines et abritant presque toujours les rêves de
l'ambition, les déviations morales, ou, ce qui est pis encore, les
erreurs de l'entendement. Cette classe des habiles de l'heure
présente réussit, hélas! trop souvent. Mais une telle politique
d'expédients appelle un jour sur les nations qu'elle conduit
les châtiments les plus sévères.

M. de Cavour avait repris le plan de Charles-Albert, mais
il l'avait considérablement agrandi. Il ne s'agissait plus seulement de chasser les Autrichiens du nord de la Péninsule,
projet, je l'ai déjà dit, patriotique par excellence, de les rem-
placer par la monarchie sarde dans la Lombardie et dans la
Vénétie; il s'agissait d'un dessein bien autrement vaste et com-
pliqué : celui de renverser les diverses souverainetés qui se
partageaient l'Italie, et d'asseoir sur leur débris la royauté
piémontaise, personnifiant en elle seule l'unité italienne. On
pouvait se demander si, pour expulser l'étranger, il était néces-

saire de violer l'autonomie des peuples et les droits des trônes, si une fédération puissante n'eût pas conduit plus sûrement et plus moralement au même but; si la similitude du langage est la seule base des nationalités; si entre l'Italie du Nord, du Centre et du Midi, il n'y avait pas des différences profondes, caractéristiques, s'opposant à ce qu'on tentât de les réunir sous le même sceptre; enfin si cette concentration unitaire au profit de la maison de Savoie, la moins italienne des dynasties de la Péninsule, pouvait devenir un gage assuré de paix, de liberté, de bonheur?

De pareilles objections n'étaient pas capables d'arrêter M. de Cavour. Piémontais dans l'âme, il se préoccupait plus de la grandeur de son propre pays, de l'éclat de la maison de Savoie, que des intérêts sérieux de l'Italie. L'unité était le séduisant mirage qu'il comptait faire luire aux yeux de l'Europe pour amener le triomphe de ses ambitieux projets.

L'habile ministre avait commencé par sonder le terrain du côté de la France. Malgré l'occupation de Rome, sa perspicacité devina sans peine, sous l'enveloppe de la politique officielle, le fond intime de la pensée impériale. Il comprit aux demi-mots, aux confidences reçues, que l'Empereur ne serait jamais hostile à la cause de l'unité italienne; qu'au contraire il la favoriserait, sinon toujours ostensiblement, au moins en secret, et qu'au pis aller il laisserait faire.

Dès ce moment, M. de Cavour employa tous ses soins à préparer adroitement la mise en scène de l'unité italienne. Malgré le peu d'importance du royaume de Sardaigne, il sut faire admettre son faible contingent militaire parmi les armées de la France et de l'Angleterre lorsque vint à éclater la guerre de Crimée. C'était du même coup introduire ce modeste État de quatre millions d'âmes dans le rang des grandes puissances européennes, et lui ouvrir les portes du congrès de Paris.

Arrivé au congrès, M. de Cavour, se sentant soutenu par la France, montra de l'audace. La réunion n'avait d'autre but que le réglement du différend turco-russe. Au fond, la solution de ce différend importait peu au plénipotentiaire sarde, dont l'objectif exclusif était la question italienne.

Il la traita, sous toutes ses faces, dans un long mémoire adressé au congrès. Son président, M. Walewski, eut la faiblesse d'en permettre la lecture.

Ce factum était surtout dirigé contre la puissance autrichienne en Italie. La Sardaigne s'y posait comme le champion de l'indépendance de la Péninsule, et elle prenait en main la cause de tous les utopistes révolutionnaires Elle attaquait ouvertement les droits des souverains, et spécialement le gouvernement temporel du saint-père. Elle dénonçait à l'Europe les divers États de l'Italie comme autant de foyers réactionnaires inféodés à l'influence autrichienne.

Le mémoire ne fut pas pris en considération ; il ne pouveti l'être, car la mission du congrès de Paris consistait à s'occuper de la question d'Orient et non de la question italienne. Mais c'était beaucoup pour M. de Cavour que d'avoir posé officiellement devant l'Europe le premier jalon de l'entreprise qui lui tenait tant à cœur.

Enhardi par cet heureux début, le ministre sarde s'efforça de plus en plus d'intéresser les grandes puissances à sa cause. Il sut s'assurer les sympathies de la Russie et de la Prusse. Quant à celles de la France, elles lui étaient depuis long-temps acquises; il n'avait qu'à les entretenir. Ce rapprochement entre les deux cours du Nord et celle de Turin aurait dû être une révélation pour le cabinet des Tuileries et l'engager à ménager ses faveurs à la politique que la Sardaigne venait d'afficher avec tant d'éclat. Il aurait dû comprendre que l'amoindrissement de l'Autriche formait le trait d'union des sympathies réciproques de la Russie, de la Prusse, du Piémont, et que la France, par cela seul, devait se tenir en défiance contre cet amoindrissement, ou au moins ne pas lui prêter son appui. Mais l'Empereur, je l'ai déjà observé, avait son parti pris d'ancienne date sur la question italienne, et nulle considération ne pouvait modifier ses vues personnelles à cet égard.

M. de Cavour continua donc sans obstacle ses manœuvres insidieuses. Turin devint le refuge de tous les mécontents, de tous les révolutionnaires. L'Autriche faisait d'incessantes remontrances; loin d'en tenir compte, on les accueillait avec une raillerie insultante. Tant d'arrogance de la part d'un aussi petit État que le Piémont eût semblé d'une témérité inouïe, si derrière lui on n'eût deviné la France. Les entrevues de Plombières avaient eu lieu, et là tout avait été concerté entre Napoléon et le comte de Cavour.

La situation devenait de plus en plus tendue; la guerre était imminente. L'Autriche, poussée à bout par les provocations d'un aussi turbulent voisin, se décida à lancer son ultimatum. Il fut relevé par la France. Notre armée, sous les ordres de Napoléon III en personne, se trouva, à la fin de mai 1859, concentrée sur les rives du Pô, en face de l'armée allemande.

Quels avantages, au point de vue français, présentait alors une guerre avec l'Autriche? Je ne parle pas des prétextes secondaires mis en avant par l'enthousiasme dynastique, tels que le relief résultant pour l'Empereur d'un commandement en chef, ou encore la nécessité d'occuper les esprits par l'éclat des armes. Je ne parle que des motifs avouables et officiellement avoués. Les organes du gouvernement les résumèrent en un seul. « La France, disait-on, ne pouvait tolérer l'absorption du Piémont par l'Autriche ni laisser un État de cette importance venir prendre pied à notre propre frontière. » Il n'était pas bien prouvé que l'Autriche victorieuse voulût réunir le royaume de Sardaigne à ses possessions. Cependant, comme une semblable éventualité était possible, on doit reconnaître que s'y opposer témoignait d'une louable pensée de prévoyance politique.

La guerre se justifiait donc si on était sincère dans le but avoué, et s'il n'y en avait pas d'autres que l'on n'avouait pas. Elle pouvait même être avantageuse autant qu'honorable, si on savait se renfermer dans les limites annoncées, l'expulsion des Allemands du royaume lombardo-vénitien : si on s'arrêtait à propos, afin de ne pas trop affaiblir la puissance autrichienne, si on ne remplaçait pas son voisinage éventuel par un voisinage beaucoup plus dangereux, si surtout on savait se dégager à temps des liens de la révolution acceptée comme auxiliaire. Il fallait, en un mot, dans la conduite un grand esprit de mesure, de prudence, de sagesse, sous peine de s'exposer à compromettre gravement l'avenir du pays.

Cette sagesse sembla présider au début de l'entreprise. Une proclamation impériale, lancée avant le commencement des hostilités, disait ouvertement que si la France prenait les armes, c'était uniquement pour rendre l'Italie libre des Alpes à l'Adriatique. De son côté le ministre des cultes, voulant calmer les trop légitimes inquiétudes que la guerre faisait naître chez les catholiques et les conservateurs, écrivait aux évêques : « *Il ne sera pas touché aux États de l'Église. Loin d'ébranler la souveraineté temporelle du Saint-Père, la présence de l'armée française victorieuse aura pour effet certain de la consolider.* »

La campagne s'ouvrit sous d'heureux auspices. Grâce à l'élan de nos soldats nous gagnions, dans le mois de juin 1859, deux grandes batailles, dont l'une, celle de Magenta, nous assurait le Milanais, dont l'autre, celle de Solferino, quoique chèrement achetée et moins décisive, nous mettait cependant en position de commencer l'attaque du quadrilatère.

Au lendemain de ces rapides triomphes, on apprit tout-à-coup avec étonnement qu'une entrevue avait eu lieu à Villafranca entre les deux empereurs, et que là ils avaient signé des préliminaires de paix sur les bases suivantes : « 1° François-Joseph cédait à Napoléon ses droits sur la Lombardie, et celui-ci rétrocédait cette riche province à son allié, Victor-Emmanuel. 2° L'Autriche gardait la Vénétie jusqu'à la ligne du Mincio. 3° Les ducs de Toscane, de Modène, la duchesse de Parme devaient être réintégrés dans leurs États. 4° On formerait une confédération italienne sous la présidence du Saint-Père, dont la souveraineté temporelle était complétement garantie. »

La paix, conclue à de telles conditions, réalisait cette politique de modération à laquelle nous faisions allusion tout à l'heure, la seule véritablement bienfaisante pour l'Europe, l'Italie et la France. L'Autriche, il est vrai, se trouvait diminuée, mais pas d'une manière telle que son indépendance et sa force manquassent à l'équilibre européen. Quant à l'Italie, elle recevait d'une fédération organisée entre ses divers États un régime basé sur le respect des droits traditionnels, des autonomies, et le plus propre en même temps à lui assurer le développement régulier de sa puissance et de ses libertés. La France, elle, retirait trois principaux avantages de la cessation des hostilités. D'abord, si elles avaient continué, elles pouvaient prendre d'immenses proportions. L'attaque du quadrilatère forçait peut-être à marcher jusqu'à Vienne; dans ce cas on s'exposait à avoir l'Allemagne entière sur les bras, et à allumer une conflagration générale. Or, si l'on sait l'instant où commencent de semblables luttes, on ne sait jamais quand et comment elles finissent. En second lieu, les préliminaires remettaient sur un pied normal et acceptable de part et d'autre les relations de l'Autriche et de l'Italie. La France avait un intérêt majeur à voir rétablir cet état de choses. Enfin la conclusion des négociations offrait ce dernier avantage de faire rentrer dans son lit le flot révolutionnaire qui, soulevé par la guerre, tendait à déborder sur tous les points de la Péninsule.

Ainsi, sous tous rapports, la paix après Solférino était méritoire, digne d'éloges, à la condition pourtant que cette paix ne resterait pas une lettre morte, et qu'on poursuivrait sa franche et loyale exécution. Malheureusement il n'en fut rien : des prémisses posées on ne sut ou on ne voulut tirer aucune de leurs légitimes conséquences.

Les conventions de Villafranca étaient loin de satisfaire les partisans de l'unité italienne. Aussi son grand maître, M. de Cavour, s'appliqua-t-il à faire avorter la plupart des stipulations arrêtées entre les deux empereurs. Ses intrigues rendirent fort longues, fort épineuses, les négociations ouvertes à Zurich pour convertir en traité définitif les préliminaires de paix. L'habileté persévérante du ministre sarde parvint à ne faire insérer dans le protocole diplomatique que trois clauses : la première, concernant la cession de la Lombardie par l'Autriche à la France ; la seconde, la rétrocession de cette province par la France au Piémont; la troisième enfin, se rapportant à la part du Piémont dans la dette lombarde. Quant à la question itálienne, rien ne fut stipulé. Faute de pouvoir s'entendre, on en renvoya le réglement à un congrès qu'on savait bien ne devoir jamais se réunir, c'est-à-dire aux calendes grecques.

Les conférences de Zurich laissaient finalement les coudées franches à M. de Cavour. Il en usa largement. Sous son impulsion occulte les insurrections fomentées dans les duchés, les Légations et les Romagnes acquirent une consistance redoutable, et le Pape vit une partie de ses États lui échapper.

Pendant ce temps, que faisait le gouvernement impérial ? Il laissait violer sa parole et protester sa signature. La suite des événements prouva ou qu'il n'avait pas été sincère ou que sa sincérité était à bien courte échéance. Mais, sincère ou non, sa politique aboutit aux mêmes résultats : dans le premier cas, par son imprévoyance et sa faiblesse; dans le second, par sa secrète complicité. Hypothèses aussi accablantes l'une que l'autre pour le régime déchu. Car, d'un côté, suivant la belle pensée de M. Barthélemy Saint-Hilaire :

« Si l'honneur vrai de la politique est de se conformer, le plus qu'elle peut, à la morale éternelle, et de diminuer chaque jour, en montant jusqu'à elle, l'intervalle qui les sépare, » d'un autre côté, quand on dirige les destinées d'un grand peuple, il ne suffit pas de vouloir le bien, il faut être capable de le réaliser. Sans doute on doit applaudir chez les gouververnants aux bonnes intentions ; mais les œuvres sont surtout nécessaires. L'impuissance est une faute qui engage la responsabilité.

Pour rétablir l'ordre dans les duchés, les Légations et les Romagnes, dira-t-on, il eût fallu intervenir : or, l'Empereur professait le principe de non-intervention. Objection puérile, attestant les tristes contradictions de notre politique étrangère ! Comment ! nous étions intervenus contre l'Autriche en faveur du Piémont, et nous ne pouvions intervenir contre le Piémont en faveur du droit violé par lui, en faveur du respect dû à nos propres engagements ? Mais n'intervenions-nous pas, depuis onze ans, en maintenant un corps d'occupation dans les États de l'Église ? Nos soldats étaient à Rome, et nous n'avions pas le droit, le devoir sacré de sauvegarder la souveraineté du Saint-Siége dans ses provinces aussi bien que dans sa capitale ?

Il n'eût pas été besoin, d'ailleurs, d'une intervention à main armée pour remettre les choses en leur état normal. Il eût suffi de pratiquer en Italie une politique franchement conservatrice et d'adresser une admonestation énergique au Piémont, au Piémont qui nous devait les richesses de la Lombardie. On se garda bien d'agir ainsi.

L'Empereur, par ses antécédents et par son origine, représentait l'élément révolutionnaire masqué sous les apparences de l'élément conservateur. Il faisait grand cas de l'ordre matériel, mais il ne tenait pas compte de l'ordre moral, source et garantie du premier.

Aux yeux d'un observateur superficiel, la politique de Louis - Napoléon Bonaparte semblait flottante, incertaine comme son regard. On eût dit qu'il manquait de résolution dans les partis à prendre, que ses actes se produisaient à l'improviste, par soubresauts et par surprise. Mais quiconque jette une vue d'ensemble sur son règne de dix-huit ans, démêle, à travers de nombreuses contradictions, à travers des réticences presque toujours calculées, un plan basé sur des idées fixes, arrêtées depuis long-temps, et poursuivies avec ténacité.

L'unité italienne formait une des idées fixes de la pensée impériale.

Napoléon III, qui voulait ménager le parti conservateur clérical, tenait beaucoup à ne pas paraître trop ostensiblement pactiser avec la révolution. Il consentait à laisser faire pourvu qu'il ne fît pas lui-même; à ne pas aller éteindre l'incendie révolutionnaire, pourvu que directement il ne le propageât pas ; à pécher par omission, mais non par action.

De temps à autre cependant les tendances unitaires de l'Empereur se révélaient au grand jour. C'était généralement au moyen de brochures anonymes destinées à sonder et à préparer l'opinion en vue des principales étapes de la question italienne. La brochure « *le Pape et le Congrès*, » dans laquelle la touche officielle était transparente, et qui reproduisait pour ainsi dire textuellement la fameuse missive de 1849 à Edgar Ney, accusait les pensées réelles du pouvoir impérial à l'égard de la papauté.

Une lettre, du 31 décembre 1859, de Napoléon lui-même au Saint-Père, lui demandait de donner raison par une renonciation formelle de ses droits à l'insurrection des Romagnes. Une encyclique, pleine d'énergie et de noblesse, porta la réponse du Pape à cette sorte de sommation polie.

De toutes parts s'élevait un concert de réprobations éloquentes contre la politique spoliatrice du Piémont. M. de Broglie s'écriait : « La France qui, par la guerre entreprise, est la cause de toutes ces perturbations, la France, puissante nation catholique, ne peut rester neutre dans une question de cette nature. Son laissez-faire sera regardé par la postérité et l'histoire comme une complicité. »

De son côté, Mgr Gerbet, répondant à la brochure *le Pape et le Congrès*, écrivait : « Il faudrait pourtant s'entendre sur la valeur d'une vague expression de fabrique toute moderne, qu'on érige en axiome. Qu'est-ce qu'un fait accompli, et quand peut-il devenir un droit? L'histoire, depuis soixante-dix ans, est pavée de faits gratifiés de ce nom, qui n'ont été rien moins qu'inviolables. La veille du 2 décembre la République était un fait accompli depuis quatre ans. Faut-il donc décidément reconnaître que toute révolte qui se soutient pendant six mois est aussi sacrée qu'un pouvoir de dix siècles ? On paraît trop croire aujourd'hui à la justice de la force et pas assez à la force de la justice. Pour nous, nous nous obstinons à y croire, à moins qu'on ne prouve que l'Europe, malgré des progrès si vantés, est tombée dans cet excès de misère, qu'elle se trouve inévitablement placée entre une iniquité et une impuissance. »

Pouvait-on espérer que de telles protestations feraient abandonner au gouvernement impérial la voie qu'il avait embrassée? Hélas ! il s'était trop engagé pour revenir se ranger franchement sous la bannière de la force morale et du droit. Au mois de février 1860, une lettre, rendue publique, de M. Thouvenel, ministre des affaires étrangères, à notre ambassadeur à Turin, conseillait ouvertement l'annexion pure et simple de Parme et de Modène au Piémont. M. de Cavour n'avait pas besoin de s'entendre répéter deux fois un semblable conseil. Bientôt l'annexion des duchés, des Romagnes et des Légations fut consommée. Mais cela ne suffisait pas aux projets de l'unitarisme italien exploité par l'hypocrite ambition de la Sardaigne. Il lui fallait le reste de la Péninsule, c'est-à-dire Naples, la Sicile, les quelques provinces appartenant encore au Saint-Siége, et Rome surtout, Rome avec qui s'écroulerait le dernier abri de la souveraineté temporelle. Tout fut mis en œuvre pour atteindre un but si désiré.

Une expédition d'aventuriers s'organise publiquement à Gênes, sous les ordres de Garibaldi. Elle traverse sur des navires italiens la Méditerranée, ce grand lac français que sillonnent incessamment nos flottes. Garibaldi débarque en Sicile sans rencontrer nul obstacle, y plante le drapeau de l'insurrection triomphante au nom de Victor-Emmanuel, et de là, s'avançant par les Calabres, arrive aux portes de Naples. L'or du Piémont, les manœuvres de M. de Cavour avaient d'avance miné le sol sous les pas de François II. La trahison l'enveloppait de toutes parts; elle était parmi ses ministres, parmi ses généraux et jusque dans sa famille. Voulant épargner à sa capitale les horreurs d'une lutte à main armée, François II laisse le champ libre à Garibaldi et se retire à Gaëte avec les troupes qui lui étaient restées fidèles.

On ne rencontre pas dans l'histoire une violation du droit des gens plus digne de réprobation que cet attentat contre la souveraineté du roi de Naples. Victor-Emmanuel était le cousin de François II ; la paix régnait entre eux ; ils avaient leurs ambassadeurs respectifs accrédités l'un près de l'autre, et voilà que sans motifs avoués, sans déclaration, M. de Cavour laisse préparer sur le territoire même du Piémont l'invasion des États napolitains par des bandes révolutionnaires. Non-seulement il ne s'oppose pas à cette entreprise coupable, mais il la favorise, et s'apprête à en retirer tout profit pour le compte de son royal maître. Une telle conduite n'est-elle pas le comble de l'impudence, de la duplicité? Et l'Empereur des Français qui, à Villafranca, avait stipulé l'autonomie du royaume de Naples, au moins protestait-il ? Non, il laissait faire !

M. de Cavour avait hâte de mettre Victor-Emmanuel en possession du beau fleuron que venait de conquérir Garibaldi. Il craignait que Garibaldi lui-même ne fût impuissant à contenir la révolution, et que la république, si on la proclamait à Naples, ne fît éprouver un rude échec aux rêves ambitieux de la monarchie sarde.

Deux routes pouvaient seules conduire rapidement à Naples des troupes régulières, l'une passant par Rome, l'autre par les provinces qui dépendaient encore du Saint-Siége. Rome : comment y songer? Le drapeau de la France flottait sur ses remparts, et quoiqu'on fût tacitement d'accord avec le gouvernement impérial, on lui devait le procédé de sauver au moins les apparences. Restait la route des Marches et de l'Ombrie. Demander le passage : M. de Cavour pressentait un refus inévitable. Quel parti prendre pour un homme habitué à n'hésiter devant aucun obstacle, sinon de recourir à la force ? Mais le ministre de Victor-Emmanuel comprenait l'odieux qui s'attache à l'emploi de la violence, quand elle n'a pas été précédée d'une mise en demeure quelconque, ne fût-ce que d'un prétexte. Car un prétexte, même non justifiable aux yeux des gens réfléchis, en impose au plus grand nombre, qui voit seulement la surface des choses. Voici donc le singulier motif que mit en avant M. de Cavour, sous forme d'un ultimatum adressé au gouvernement pontifical, et après avoir préalablement concentré l'armée piémontaise sur les frontières des Marches et de l'Ombrie. « Le Pape fut sommé *de licencier, dans le délai de trois jours, ses troupes mercenaires qui menaçaient, disait-on, d'un danger incessant la tranquillité de l'Italie.* S'il n'obéissait à cette injonction, ses États seraient immédiatement envahis par l'armée sarde, sous le commandement de Victor-Emmanuel en personne. »

Un pareil langage ne se discute pas. Comment ! le Pape, investi de la souveraineté la plus ancienne, la plus respectable de l'univers, n'aurait pas eu, comme tout autre monarque, le droit de recruter des troupes pour la défense intérieure et extérieure de ses Etats ? D'ailleurs, il n'était pas seulement souverain temporel d'un coin de terre en Italie, il était encore et surtout le souverain spirituel du monde catholique. A ce dernier titre, n'avait-il pas aussi le droit d'appeler à son secours ses enfants dans la foi, qui regardent l'indépendance du Pontife suprême comme liée à son inviolable royauté? Ces soldats, qu'on désignait insolemment sous le nom de *vils mercenaires*, qu'étaient-ils donc! L'élite de la France, l'élite des nations catholiques. Nouveaux croisés, ils n'obéissaient qu'à leur dévouement en mettant leurs épées au service du Saint-Siége, et ne demandaient d'autre récompense que l'honneur de verser leur sang pour sa cause.

La petite armée, organisée par le général de Lamoricière, comptait un effectif de quinze à seize mille combattants. N'était-il pas dérisoire de prétendre que cette poignée de braves pouvait compromettre le repos de l'Italie et menacer d'un mouvement offensif la puissance militaire de la Sardaigne, récemment accrue par de trop nombreuses annexions? L'ultimatum piémontais, c'était l'arrogance de la force contre la faiblesse!

Du reste, M. de Cavour considérait tellement cette sommation comme une pure ironie que, sans attendre la réponse du Saint-Père, l'armée sarde reçut l'ordre de pénétrer dans les Marches et l'Ombrie.

Malgré l'infériorité numérique de leurs soldats, un contre dix, Lamoricière et Pimodan n'hésitèrent pas à aborder, à Castelfidardo, les masses piémontaises. La valeur et l'héroïsme furent écrasés par le nombre; Victor-Emmanuel put se frayer un libre accès sur cette terre arrosée du sang de tant de martyrs. Oui, il passa, le roi galant homme, conduisant rapidement son armée au secours de Garibaldi, presque vaincu par François II, et il alla donner à la population napolitaine le spectacle étrange d'un rejeton de l'antique maison de Savoie parcourant la rue de Tolède en compagnie du condottiere de la révolution !

Le gouvernement impérial protestait-il contre un tel mépris de la France? Avait-il oublié sa déclaration solennelle des débuts de la campagne d'Italie : « *Il ne sera pas touché aux États de l'Église ?* » Ces vaincus de Castelfidardo , qu'étaient-ils? Pour la plupart des Français, nos parents, nos amis, et pendant qu'ils tombaient sous les canons de l'armée sarde, nous avions des soldats à Rome !

Non, le gouvernement impérial ne protestait pas ; il laissait faire ; il laissait s'exécuter le fameux programme de la brochure : *le Pape et le Congrès.* Le rôle de l'armée française se réduisait à conserver au Saint-Siége *Rome et les jardins du Vatican.*

Le 4 septembre 1860, un mois à peine avant l'invasion des Marches, une entrevue avait eu lieu à Chambéry entre l'Empereur et Cialdini. On prétend que là fut arrêté le plan de la prochaine campagne du Piémont contre les États de l'Église et le royaume de Naples ; que Louis-Napoléon, résumant ses dernières instructions, aurait dit au général italien : « *Faites, mais vite ;* » et qu'enfin l'acquisition de Nice et de la Savoie par la France fut le prix convenu de cette tacite complicité. On ne peut donner des preuves irréfragables, on le comprend sans peine, de l'authenticité de ces détails. Il s'y attache pourtant une grande présomption de vraisemblance. Rendus publics, ils ne furent jamais démentis officiellement, et l'annexion de la Savoie et du comté de Nice à la France est un fait accompli.

Après Castelfidardo vint le siége de Gaëte, cette autre flétrissure du Piémont. Au bout de trois mois et demi d'un bombardement sans exemple, François II, avec ses dix mille soldats, fut contraint de capituler devant les armes victorieuses de son royal cousin.

L'Empereur des Français ne protestait pas plus contre ce dernier attentat qu'il n'avait protesté contre les autres. Toujours il laissait faire! Nous avions cependant dans ces parages une flotte nombreuse. Elle protégeait Gaëte du côté de la mer et pouvait causer de sérieux embarras à l'armée piémontaise. Au moment décisif nos vaisseaux reçurent l'ordre d'abandonner les rivages napolitains!

La révolution pouvait marcher désormais, enseignes déployées. Son travail était presque achevé. Que lui restait-il à conquérir? Rome, et autour de Rome quelques lambeaux de territoire.

Il y eut alors un temps de repos dans l'action du parti unitaire. Avant de frapper le dernier coup, il fallait le préparer de longue main. Les menées ténébreuses redoublèrent contre les derniers débris de la souveraineté temporelle ; le mensonge, la calomnie eurent Rome pour objectif.

M. de Cavour possédait un puissant auxiliaire dans le gouvernement impérial. Une nouvelle brochure officielle intitulée : « *la France*, *Rome*, *l'Italie*, » commença à ouvrir la brèche, en énumérant tous les prétendus griefs de l'Empereur contre le Pape, violemment accusé d'ingratitude. L'auteur de la brochure ne voyait dans la défense de la souveraineté temporelle par les catholiques que des manœuvres des partis hostiles ! Les évêques du monde entier étaient à ses yeux des hommes de parti ! Ainsi, un aveugle sophiste sapait les bases de tout principe de conservation sociale et ouvrait l'abîme où devaient s'engloutir ceux qu'il prétendait défendre !

Vers la même époque, un cousin de l'Empereur, le prince Napoléon Bonaparte, ne craignit pas de jeter, en plein Sénat, le venin du sarcasme et de l'insulte sur le Pontife vénérable que sa triple couronne de vieillesse, de vertus, de malheurs, indépendamment de son caractère sacré, auraient dû lui faire respecter. La brochure « *le Pape et le Congrès* » laissait au Saint-Père Rome et les jardins du Vatican. Le prince Napoléon réduisait à la rive droite du Tibre cette pauvre souveraineté ; il conseillait d'abandonner la rive gauche à Victor-Emmanuel, afin que la Rome des Césars devînt la capitale du royaume italien !

Rêves, desseins coupables inspirés par le souffle révolutionnaire des plus mauvais jours, et qui devaient, hélas ! se réaliser de point en point sous nos yeux !

L'été de 1861 vit mourir M. de Cavour. Il expira au moment où tout semblait sourire à ses projets, et dans ce même mois de juin, témoin, deux années auparavant, des brillants triomphes de la campagne d'Italie. Le couronnement de l'œuvre unitaire, par l'annexion de Rome et de sa banlieue, ne pouvait désormais long-temps se faire attendre. Il suffisait, pour atteindre ce but suprême, que la France retirât ses troupes de la capitale de l'univers chrétien. Or, dès 1861, il était facile de prévoir l'accomplissement infaillible de ce fait dans un délai plus ou moins rapproché. L'occupation pesait aux désirs intimes, aux engagements secrets de la politique impériale, très-préoccupée de donner, à cet égard, satisfaction aux réclamations incessantes des journaux et des députés de l'opposition avancée. L'Empereur saisirait évidemment avec empressement tout motif avouable, tout prétexte pour rappeler de Rome la garnison française. Aussi M. de Cavour, à son lit de mort, dut-il contempler, plein de confiance, l'avenir de ses pensées unitaires, et si le succès est la seule pierre de touche des actions humaines, son âme put s'abandonner en paix à l'éternel sommeil.

Cependant la perte de l'éminent ministre jeta quelque découragement parmi les partisans de sa politique. Trouverait-on un continuateur capable d'assurer le triomphe si merveilleusement préparé? Les hommes de cette trempe sont rares partout et particulièrement en Italie. Les inquiétudes sur le résultat final étaient d'autant plus vives qu'on voyait le navire plus rapproché du port. Échouer dans de telles conditions eût été le plus cruel des échecs.

L'Empereur des Français se chargea de mettre fin promptement aux anxiétés des unitaires de la Péninsule et du dehors. Par une déclaration publique il reconnut officiellement Victor-Emmanuel comme roi d'Italie.

On se demanda pourquoi une reconnaissance si hâtive? pourquoi placer sur la tête du roi de Piémont une couronne à laquelle manquait encore un de ses plus beaux fleurons? C'est qu'on voulait rendre l'espérance au parti de l'unité et lui donner un gage de la fidélité impériale au programme tracé par la main même de M. de Cavour. Cette reconnaissance signifiait : « L'Italie nous trouvera dans l'avenir tels qu'elle nous a trouvés dans le passé. » Les italianissimes ne s'y trompèrent pas, et la convention du 15 septembre 1864 vint donner gain de cause à leurs confiantes prévisions.

Qu'était-elle, cette convention ? Malgré ses stipulations, favorables en apparence au maintien de la souveraineté temporelle, elle n'était en réalité que l'engagement de livrer, à une échéance plus ou moins éloignée, Rome à la révolution. C'était la porte largement ouverte à tous les spoliateurs, aventuriers ou couronnés.

L'expédition garibaldienne de Mentana, l'invasion de Rome, en septembre 1870, par l'armée piémontaise, prouvèrent surabondamment l'impuissance radicale de ce traité au point de vue de la garantie des droits sacrés du Saint-Siége.

Nous venons de suivre pas à pas les étapes successives parcourues par l'unité italienne. A chacune d'elles nous avons saisi la main du gouvernement impérial, tantôt visible, tantôt cachée, apportant concours, assistance pendant les incidents du voyage. Nous avons raconté ; plus loin nous apprécierons.

Il est temps de passer au travail de l'unité allemande.

III.

L'empire d'Allemagne, au moyen-âge, fut plutôt une fédération féodale qu'une organisation unitaire. Il reposait sur les rapports de vasselage, de suzeraineté et non sur l'homogénéité de l'ensemble. Charles-Quint, avec ses pensées de monarchie universelle, put se flatter un instant d'avoir concentré dans ses mains tout le réseau des destinées allemandes. Mais la vie d'un homme, quelle que soit sa grandeur, ne suffit pas à assurer la durée d'une œuvre aussi immense. Elle exige la suite, la continuité des efforts et par-dessus tout la consécration du temps. Sous ses successeurs, son vaste empire se divisa, subissant en cela la loi des choses humaines qui ont pris un accroissement démesuré.

Il était réservé au descendant d'un des plus petits vassaux du puissant empereur de réaliser ce que lui-même n'avait pu solidement accomplir.

La Prusse, ce royaume de date si récente, avait rapidement acquis, vers le milieu du dernier siècle, une position considérable en Allemagne, grâce à l'amoindrissement que la politique intelligente et traditionnelle de la maison de Bourbon avait fait subir à l'Autriche, grâce également à la forte organisation militaire et sociale que le roi Frédéric II avait donnée à son peuple.

Pendant les guerres de la Révolution et de l'Empire, la Prusse avait apporté à la coalition européenne déchaînée contre la France son contingent redoutable de haines et de soldats. Aussi elle fut une des premières puissances à laquelle Napoléon fit sentir la pesante étreinte de son bras victorieux. A Iéna son écrasement fut tel qu'on eût pu croire alors sa perte consommée, sa résurrection impossible. Mais, comme toute nation jeune qui se trouve à la période ascendante de son histoire, la nation prussienne contenait en elle-même de grands éléments de vitalité. Elle se releva de ses ruines. Ses armées, promptement réorganisées, décidèrent de la chute irrévocable du conquérant qui, pendant vingt ans, avait bouleversé le monde. L'Europe, reconnaissante du concours qu'elle avait reçu de la Prusse, lui accorda, comme récompense, un notable agrandissement.

Le traité de Paris, du 23 avril 1814, avait laissé à la France ses anciennes limites de 1790. Il nous enlevait, il est vrai, les conquêtes de la Révolution et de l'Empire ; mais il pouvait nous enlever davantage, et se bornait à nous reprendre ce que nous venions de prendre aux autres.

L'aventure des Cent-Jours nous coûta cher ; car non-seulement les traités de 1815 réduisirent nos frontières, non-seulement ils nous firent perdre un grand nombre de places fortes : Philippeville, Marienbourg, Sarrelouis, Landau, etc., mais ils furent empreints d'une pensée générale de défiance hostile contre la France. Les tendances diplomatiques de l'Europe semblèrent avoir alors un seul but : celui de rendre

désormais impossible le système de guerres, d'agitations con-
tinuelles inauguré par l'Empire. On nous donna des frontières,
on mit à notre porte des voisins destinés à offrir des garanties
contre nos velléités belliqueuses dans l'avenir.

Deux sentinelles avancées furent ainsi établies près de nous
pour surveiller et arrêter au besoin nos mouvements : d'abord
le royaume hollando-belge, obéissant directement à la prépon-
dérance de l'Angleterre, puis la Prusse, qui devenait notre
voisine immédiate. En acquérant la possession des provinces
rhénanes, elle réunissait à son profit, dans un seul faisceau,
la souveraineté de ces petites principautés, gouvernées sépa-
rément autrefois par des électeurs ecclésiastiques, que la
royauté française avait su rattacher à notre influence, ou maintenir à l'état de neutralité.

La Restauration reçut donc en 1815 la France dans une
situation extérieure bien compromise, et dont la responsabilité
doit remonter au véritable et seul coupable : Napoléon.

Par la majesté de ses souvenirs, la fierté de son langage,
l'antique race de nos rois sut en imposer à nos vainqueurs et
nous faire respecter d'eux même en nos infortunes. Au milieu
des circonstances les plus difficiles, les Bourbons nous appor-
tèrent la paix après laquelle nous soupirions tous. Cette paix
fut honorable autant qu'elle pouvait l'être ; elle fut salutaire,
car en peu de temps elle cicatrisa nos blessures, et inaugura
parmi nous une ère nouvelle où la liberté put s'allier à l'ordre,
où l'intelligence, dégagée des étreintes du despotisme, prit
son essor pour s'élancer vers d'immortelles conquêtes dans
le domaine de la littérature, des beaux-arts, du commerce,
de l'industrie.

La politique étrangère du gouvernement de la Restauration fut empreinte de modération et de sagesse. Au point de vue spécial des relations avec l'Allemagne, elle s'appliqua à maintenir l'équilibre entre les deux grandes puissances de la Confédération germanique et à sauvegarder l'indépendance des petits États composant cette Confédération. Notre diplomatie, au congrès de Vienne, soutint énergiquement la cause de la Saxe et de la nationalité polonaise. Elle parvint à conserver au monarque saxon la majeure partie de ses États que la Prusse voulait s'approprier sous le prétexte de le punir de sa fidélité à la France. Malheureusement, nos efforts ne furent pas couronnés d'un semblable succès à l'égard de la Pologne. La Russie aspirait à la possession du grand-duché de Varsovie; il ne fut pas possible de lui faire lâcher sa proie. Certains écrivains ont blâmé la généreuse attitude de la France au congrès de Vienne. Il eût été préférable, disent-ils, de souscrire aux projets ambitieux de la Prusse et de la Russie, afin d'obtenir avec leur appui une meilleure ligne de frontières. Il est fort douteux d'abord que cette concession de notre part nous eût valu une rectification de limites plus avantageuse. Mais en admettant même cette supposition toute gratuite, l'intérêt moral doit primer l'intérêt matériel, et la France se conduisit noblement en ne désertant pas la cause de la justice et du droit, au prix de quelques lieues carrées de territoire.

La Restauration, avec sa politique extérieure basée sur l'équilibre européen, était peu favorable au développement de l'unité allemande.

Il en fut de même du gouvernement de juillet, partisan du

statu quo au dedans et au dehors. La monarchie de 1830,
rendons-lui cette justice, parvint même, sur un point spécial,
à atténuer la rigueur des traités de 1815. La séparation de la
Belgique et de la Hollande, en mettant à notre porte deux
petits États à la place d'un plus grand, apportait une amélioration incontestable à notre situation dans cette partie de nos
frontières.

Le contre-coup du mouvement révolutionnaire de 1848 se
fit sentir en Allemagne, et l'unitarisme s'y accentua à cette
époque par deux faits principaux : un essai de rétablisse-
ment de l'empire, l'invasion des duchés du Sleswig-Holstein.

Un parlement se réunit à Francfort ; il chercha à restaurer
la dignité impériale en la personne de l'empereur d'Autriche,
représenté provisoirement par un archiduc-vicaire. Cette ten-
tative devait forcément rester stérile ; car l'Autriche, déchue
de son ancienne splendeur, n'avait plus ni la puissance, ni
l'autorité morale nécessaires pour prendre la direction du
mouvement unitaire de l'Allemagne. Le parlement de Francfort n'aboutit à aucune organisation sérieuse ; son règne fut
éphémère.

La question des duchés du Sleswig-Holstein était appelée à
devenir le prétexte d'où devait naître l'unité allemande. Il
convient, par ce motif, de présenter l'origine et les phases
diverses de cette question, d'ailleurs assez complexe.

Ces deux duchés sont séparés l'un de l'autre par le canal de
l'Eider, qui met en communication la Baltique et la mer du
Nord. Le Sleswig touche au Jutland, le Holstein à l'Allemagne. Ce dernier est presque exclusivement composé d'une

population allemande, tandis que dans le Sleswig l'élément germanique est loin de dominer. Les duchés avaient pour souverain le roi de Danemark ; le Holstein se rattachait seulement à l'Allemagne par un lien de juridiction fédérale, c'est-à-dire qu'en certains cas la Diète pouvait juger des questions constitutionnelles pendantes entre le monarque et ses sujets.

Depuis long-temps l'Allemagne tournait sur le Holstein des regards de convoitise. La similitude du langage la poussait à une politique d'absorption. L'effervescence universelle de 1848 surexcita le patriotisme allemand ; une expédition armée, composée de bandes irrégulières, se jeta sur les duchés. L'entreprise échoua parce qu'elle manquait de direction et d'organisation suffisantes, parce qu'elle obtint la désapprobation générale de l'Europe, et parce que le roi de Prusse alors régnant tint une ligne de conduite inspirée par la modération et l'équité. Grâce à ce concours de circonstances, l'ordre se rétablit promptement dans les duchés.

Le roi de Danemark n'avait point d'enfants. Craignant de voir surgir à sa mort des complications relatives à sa succession et à l'intégrité de la monarchie danoise, il résolut de régler d'avance ces deux questions en les plaçant, par un traité solennel, sous la garantie des grandes puissances. Signé en 1852, ce traité ratifia les deux clauses soumises à son approbation ; et pour désintéresser à tout jamais la famille allemande d'Augustenbourg, qui prétendait avoir des droits, fort contestables du reste, sur le Holstein, on alloua une somme de dix millions à son représentant.

A une époque moralement moins troublée que la nôtre, un

semblable traité, consacré pas l'adhésion unanime de l'Europe, devait passer pour inviolable et pour avoir clos définitivement l'affaire des duchés. Elle resta assoupie pendant six à sept années. Mais au bout de ce laps de temps, la guerre de l'Italie contre l'Autriche, en 1859, la constitution de l'unité italienne qui s'en suivit, au mépris des traités et des lois de la probité politique, réveillèrent, dès 1861, les pensées unitaires de l'Allemagne. Les infractions à la morale portent toujours leurs fruits. Les mauvais exemples ne sont pas moins contagieux entre les peuples qu'entre les hommes.

La question du Holstein fut remise sur le tapis, sous le prétexte de violation par le roi de Danemark de la constitution du duché. La Diète, obéissant à la pression de l'unitarisme, ordonna à un contingent fédéral de prendre possession du Holstein jusqu'à ce que le prétendu litige constitutionnel eût été vidé. Il ne s'agissait pas encore, du moins en apparence, d'enlever au Danemark les duchés, mais d'exercer seulement sur le Holstein un droit de juridiction.

Il y avait un homme en Allemagne qui, dans cette question du Holstein, voyait toute autre chose qu'une affaire fédérale. Cet homme était un ministre prussien, le comte de Bismark. Imbu des tendances unitaires qui commençaient sérieusement à se produire, il se proposait de les faire servir à l'agrandissement territorial et à l'extension d'influence de sa patrie. Il voulait, en un mot, établir l'unité allemande au profit de la Prusse, comme M. de Cavour avait établi l'unité italienne au profit du Piémont. De nombreux rapports existent entre les physionomies de ces deux hommes d'Etat. L'un et l'autre comptaient dans les rangs de la haute aristocratie ; M. de

Bismark appartenait même à la nuance la plus accentuée du parti féodal prussien. Mais tous deux étaient enclins à s'appuyer sur l'élément révolutionnaire le plus radical, sauf à le répudier plus tard. Sans scrupules sur l'emploi des moyens propres à conduire au but, ils professaient la même confiance dans la légitimité du fait accompli. M. de Cavour avait peut-être plus de finesse, plus de souplesse dans l'intrigue; M. de Bismark plus d'opiniâtreté, plus de profondeur. Les vues de celui-ci semblent plus compliquées, moins accessibles au vulgaire; celui-là se distinguait par une sorte de franchise plus apparente que réelle, car elle ne laissait entrevoir que ce qu'elle voulait bien ne pas cacher. Si M. de Bismark n'est pas, comme M. de Cavour, de la patrie de Machiavel, il descend bien, comme lui, en ligne directe de l'historien florentin. M. de Bismark réussit dans son œuvre plus vite que M. de Cavour, uniquement parce que celui-ci lui servit à la fois d'exemple et de point d'appui. En voyant de quelle manière le Gouvernement français avait secondé le travail unitaire de l'Italie, le ministre prussien comptait, sinon sur une coopération aussi directe, au moins sur un acquiescement tacite. Il ne se trompait pas.

Jusqu'à l'exécution fédérale dans la Holstein, M. de Bismark s'était tenu à l'écart; il épiait le moment favorable. Quand ce moment lui parut arrivé, il entra résolûment en scène. La France ne pouvait alors apporter aucun obstacle à ses projets; elle était engagée dans la néfaste expédition du Mexique.

La Diète avait confié l'occupation du Holstein à un corps d'armée saxon et hanovrien. Sous le prétexte de renforcer ce corps d'occupation qu'il disait être insuffisant, M. de Bismark fit avancer dans le duché des troupes prussiennes.

L'Autriche, craignant de perdre son influence en Allemagne, et désirant contre-balancer, diriger même, s'il était possible, les tendances ambitieuses de sa rivale, envoya également une armée dans le Holstein. C'était de sa part une faute grave, car elle s'associait à la politique équivoque de la Prusse sans avoir l'intention d'en profiter. Les deux armées envahirent non-seulement le Holstein, au nom de la nationalité allemande, mais même le Sleswig qui n'avait rien d'allemand.

Les Danois se défendirent avec un héroïsme digne d'un meilleur sort. Leur défaite et le bombardement de Düppel rendirent les deux grandes puissances maîtresses absolues des duchés.

La première application qu'elles firent de leur victoire fut d'obliger le contingent fédéral à évacuer le Holstein.

Cette conduite était condamnable à tous égards. D'abord on foulait aux pieds, sans motifs, le traité de 1852, qui avait stipulé l'intégrité de la monarchie danoise. Ensuite on s'emparait des duchés au nom de la constitution fédérale ; or, si le lien fédéral existait pour le Holstein, il était nul pour le Sleswig. Enfin on disait agir au nom de la Diète, et on commençait par chasser le corps d'occupation délégué par elle. Mais, je l'ai déjà remarqué, M. de Bismark n'est pas homme à reculer devant la fin qu'il poursuit.

Sous cette réserve on doit reconnaître que son premier coup était un coup de maître. Il avait écarté la Confédération germanique de la question des duchés en s'emparant de l'exécution ordonnée par la Diète, et avait substitué l'action dualiste austro-prussienne à l'action collective fédérale.

C'était un grand pas de fait vers les projets d'absorption unitaire ; car après avoir évincé la Confédération, il ne restait plus au ministre prussien qu'à évincer l'Autriche. Seulement, dissimulant ses desseins avec un art profond, il masquait sa marche en avant sous les dehors d'une lenteur calculée.

Le Danemark, contraint de subir les exigences des vainqueurs, signa à Vienne, au mois d'octobre 1864, un traité qui déclarait, à la honte de l'Europe, témoin de ce forfait diplomatique, le Holstein et une partie du Sleswig définitivement séparés de la couronne danoise. La France laissait également impunément violer le traité de 1852 qu'elle avait solennellement garanti.

Après la conquête des duchés par les deux grandes puissances allemandes, les tiraillements, les divisions ne tardèrent pas à éclater entre elles. Tandis que M. de Bismark avait la pensée arrêtée de réunir le Sleswig-Holstein à la Prusse, l'Autriche ne songeait à les rattacher qu'à la Confédération. J'ai déjà dit que la Confédération n'avait aucun droit de souveraineté sur le Holstein, à plus forte raison sur le Sleswig, pour lequel on ne pouvait invoquer ni le lien fédéral, ni le prétexte de la similitude du langage.

Cependant la violation du traité de 1852 et la signature du traité de Vienne étant une fois consommées, on ne peut nier que la conduite de l'Autriche ne fût désormais digne et loyale. Elle n'avait agi dans aucun but d'agrandissement territorial, mais seulement dans l'intérêt collectif de l'Allemagne. Elle avait combattu pour le compte de la Confédération et non pour son compte personnel.

Aussi dès que le cabinet de Vienne eut deviné les tendances annexionistes de la Prusse, lui opposa-t-il une résistance énergique. M. de Bismark fit en vain les avances les plus séduisantes, offrit même de payer la valeur du Holstein occupé par l'armée autrichienne pour prix de l'évacuation et de la cession du pays, le gouvernement de l'empereur François-Joseph se montra inébranlable. Il mit constamment en avant les droits de la Confédération et sa compétence exclusive à trancher la question des duchés.

Que fit M. de Bismark en présence du refus persistant de l'Autriche à devenir sa complice? Il eut recours à un de ses moyens habituels : gagner du temps. A ses yeux, le temps est un des grands auxiliaires de la politique, en ce qu'il permet aux complications, aux incidents de surgir, et que souvent il amène des solutions inespérées.

La querelle resta suspendue. La convention de Gastein, qui maintenait le *condominium* de la Prusse sur le Sleswig et de l'Autriche sur le Holstein, ne résolvait rien. Elle empêchait seulement la guerre d'éclater immédiatement.

M. de Bismark utilisa ce délai à se mettre en mesure, au premier moment favorable, d'incorporer les duchés à la Prusse, malgré l'Autriche, puisque l'Autriche ne voulait pas se prêter au partage. Il conclut une alliance secrète avec l'Italie, lui promettant la Vénétie pour prix de son concours. Il fit jouer, en un mot, les ressorts les plus subtils de sa diplomatie insidieuse.

On ne peut s'imaginer le langage étrange par ses contradictions que le chancelier du roi Guillaume tint en ces circonstances.

Quand on avait envahi les duchés au nom du principe des nationalités, au nom de l'Allemagne, on avait mis en avant les prétendus droits du duc d'Augustenbourg. Maintenant qu'on cherchait à substituer la Prusse à l'Allemagne, M. de Bismark niait les droits du duc d'Augustenbourg ainsi que ceux de la Confédération ; il soutenait que le roi de Danemark avait, par le traité de Vienne, cédé ses droits *incontestables* sur les duchés, non pas à l'Allemagne, mais aux deux grandes puissances qui seules avaient pris part à la guerre.

De telles assertions eussent été grotesques, si elles n'eussent révolté par leur iniquité. Vous aviez déclaré la guerre au roi de Danemark, disiez-vous, parce que vous contestiez ses droits sur les duchés et que vous revendiquiez ceux de l'Allemagne; à présent vous niez les droits de l'Allemagne, et vous affirmez ceux du Danemark qui vous les aurait transmis comme conséquence de votre victoire. On croit rêver devant le cynisme d'une pareille argumentation.

L'Autriche résistait toujours à des prétentions si singulières. En soutenant exclusivement les droits de la Confédération, elle rattachait à sa cause les États secondaires de l'Allemagne, et rachetait la faute grave commise par elle d'avoir prêté mainforte à la Prusse dans l'injuste guerre du Danemark.

Il eût été pour la France conforme à son devoir autant qu'à son intérêt d'appuyer franchement alors l'Autriche et les autres États de la Confédération. Napoléon avait eu tort de ne pas protester énergiquement contre la violation du traité de 1852. Cependant cette faute peut être, jusqu'à un certain degré excusable ; car il se serait agi, si on était intervenu à ce moment, d'avoir, selon toute vraisemblance, l'Allemagne entière contre soi. Mais au point où en étaient arrivées les choses, l'hésitation n'était pas possible.

On devait prendre parti résolûment pour l'Allemagne et l'Autriche contre la Prusse. Il existait d'ailleurs un moyen terme de concilier la difficulté depuis si long-temps pendante : c'était de laisser le Sleswig au Danemark et de réunir le Holstein à la Confédération. Le cabinet des Tuileries ne put se décider à agir. Il sembla donner carte blanche au comte de Bismark comme précédemment au comte de Cavour.

L'horizon s'obscurcissait de plus en plus. M. de Bismark devenait aigre, cassant, ironique même dans ses rapports avec le cabinet de Vienne. Lorsque l'Autriche, se plaçant sur le terrain de la vérité et de la justice, disait : « Il n'est qu'une manière de vider cette interminable question des duchés : c'est d'en appeler à la Diète et de nous soumettre à sa décision. » Le ministre prussien répondait : « Eh bien ! oui, j'en appelle aussi à l'Allemagne, à l'Allemagne, représentée, non par une Diète, qui n'est que l'organe des princes, mais par une Diète expression du suffrage universel de tout le peuple allemand. » Eh quoi ! M. de Bismark, l'homme aristocratique par excellence, l'homme qui, en dissentiment absolu avec la Chambre prussienne, se mettait au-dessus des libertés parlementaires, M. de Bismark en appelait au suffrage universel ! C'était à ne pas le croire, si on ne connaissait la souplesse merveilleuse avec laquelle cette nature mobile sait se prêter à toutes les métamorphoses. En s'exprimant ainsi, M. de Bismark n'avait qu'un but : se rendre populaire auprès des masses, se servir de la révolution avec l'espoir de la museler ensuite.

Personne ne fut dupe en Europe de cette comédie, l'Autriche moins que toute autre puissance. Elle comprit où aboutissait cette politique de faux-fuyants ; elle comprit que la guerre serait l'*ultima ratio* de la question des duchés. Évidemment la Prusse cherchait à prolonger les négociations, afin d'avoir plus de temps à consacrer à ses préparatifs militaires. Ne pas immédiatement la suivre sur ce terrain, était s'exposer peut-être à d'irréparables surprises. L'Autriche se décida donc à armer, à l'exemple de la Prusse et de la secrète alliée de celle-ci : l'Italie. La plupart des États de la Confédération germanique, qui avaient épousé la cause de l'Autriche, représentant à leurs yeux la cause du droit, armèrent comme elle.

On était alors au printemps de l'année 1866. Les puissances allemandes rassemblaient leurs troupes ; les canons étaient prêts de tous côtés à entrer en ligne. Il semblait cependant que nul n'osait le premier mettre le feu aux poudres, tant on redoutait les conséquences de cette conflagration.

Malgré tant de préparatifs menaçants, la guerre pouvait encore être évitée ; cela dépendait de l'attitude de la France. Si le gouvernement impérial, prenant une position résolue, avait parlé haut et ferme à la Prusse, lui donnant à entendre qu'en cas d'attaque de sa part contre l'Autriche une armée française se jetait sur les provinces rhénanes ; si le cabinet des Tuileries, s'adressant ensuite à l'Italie, lui avait signifié qu'il fallait opter entre l'alliance avec la Prusse ou l'alliance avec la France, cette énergique intervention pouvait empêcher le commencement des hostilités et faire résoudre autrement que par les armes la question du Sleswig-Holstein. La paix et l'équilibre de l'Europe se trouvaient en ce moment dans nos mains. Nous avions le droit et le devoir d'intervenir en 1866 en faveur de l'Autriche contre la Prusse, bien plus qu'en 1859, où nous intervenions contre l'Autriche en faveur du Piémont. La France n'était-elle pas souverainement intéressée à s'opposer à l'extension de la Prusse; de la Prusse qui touchait déjà nos frontières, de la Prusse que les traités de 1815 nous avaient imposée comme surveillante incommode?

Pourquoi l'empereur Napoléon, si prodigue à tout propos de protestations en paroles contre ces traités néfastes, laissa-t-il passer l'occasion de protester contre eux par des actes? Pourquoi? Parce qu'il est plus facile de se donner les jouissances d'une vaine popularité que de savoir diriger les destinées d'une grande nation.

Pour pratiquer la ligne de conduite que nous venons d'indiquer, il convenait d'agir fortement sur l'Italie, de la contraindre même, s'il était nécessaire, à renoncer à ses velléités belliqueuses concertées déjà avec le cabinet de Berlin. Or, Napoléon, nous l'avons déjà dit, traitait l'Italie en enfant gâté auquel il passait tout. Il avait pris avec elle de secrets engagements, et par l'acquisition de Nice et de la Savoie avait touché le prix de ses complaisances passées et futures. Il caressait d'ailleurs la formation de l'unité de la Péninsule comme un moyen de faire sa cour à l'opposition radicale du Corps législatif. Loin donc de vouloir s'opposer à l'alliance de l'Italie avec la Prusse, l'Empereur espérait que de la guerre sortirait l'annexion de la Vénétie à la couronne de

Victor-Emmanuel et la complète réalisation du fameux programme des débuts de la campagne de 1859 : « *L'Italie libre des Alpes à l'Adriatique.* » Il se disait sans doute : « Cette guerre aura une longue durée, proportionnée à l'importance des combattants. Lorsque l'unité italienne sera faite, je pourrai toujours m'interposer à temps entre l'Autriche et la Prusse, et empêcher l'agrandissement exagéré de cette dernière. »

L'avenir se chargea de démontrer les téméraires illusions d'un tel plan, et combien, en le suivant, on s'exposait à jouer un rôle dangereux.

Le véritable esprit de sagesse politique consiste à prévoir les causes, à agir sur elles plutôt que sur leurs effets, dont la portée échappe, quant au temps et quant à l'étendue des conséquences, à la sagacité humaine. Quel homme, fût-il roi ou empereur, peut se flatter de dire un jour avec succès aux flots déchaînés des événements : « Vous n'irez pas plus loin ? » Dieu seul a ce privilége.

M. Rouher, l'interprète fidèle de la pensée impériale, vint affirmer devant le Corps législatif la neutralité de la France dans le conflit prêt à s'engager, tout en réservant sa liberté d'action. M. de Bismark comprenait ce que signifiait cette liberté d'action. Il avait eu les entrevues de Biarritz comme M. de Cavour avait eu celles de Plombières. Connaissant le faible de Napoléon pour l'unité italienne, il avait fait de cette unité la base de ses combinaisons politiques et le pivot de ses plans militaires. Par là il savait bien que l'appui tacite de l'Empereur et l'alliance certaine de l'Italie lui seraient acquis. Il forçait ainsi l'Autriche à diviser ses armées, et il accroissait

les chances de la Prusse sur les champs de bataille de l'Allemagne en raison directe de la diversion plus ou moins sérieuse opérée en Vénétie.

Rassuré du côté de la France, plein de confiance du côté de
l'Italie, M. de Bismark pouvait hardiment commencer la
campagne. Un esprit aussi fécond en expédients devait facile-
ment trouver un prétexte à l'ouverture des hostilités. Le ministre du roi Guillaume prétendit que les armements de l'Autriche constituaient une menace et une provocation vis-à-vis
de la Prusse, que celle-ci se verrait contrainte d'attaquer, si
le cabinet de Vienne refusait d'obtempérer à la sommation de
désarmement immédiat que lui adressait le cabinet de Berlin.
M. de Bismark renversait les rôles.

Tout le monde savait en Europe que depuis long-temps la
Prusse avait commencé des armements formidables, que ses
troupes étaient concentrées près des frontières de Bohême,
que l'Autriche, au contraire, n'avait armé qu'à la dernière
extrémité, lorsqu'elle avait vu les immenses préparatifs de sa
rivale. Le cabinet de Vienne avait même poussé la réserve et
l'honnêteté de sa politique pacifique tellement loin, qu'il ne
pouvait faire plus sans compromettre la sécurité de la monarchie.

L'Autriche, pour éviter de donner jusqu'à l'apparence
d'une provocation, n'avait pas même pris les précautions militaires indispensables. Elle avait rappelé ses contingents sous
les drapeaux; mais elle les avait retenus loin de la frontière,
s'exposant ainsi à laisser envahir son propre territoire par
l'ennemi dès le début des hostilités et à perdre pour ses armées d'importantes positions stratégiques. Elle s'était tenue,

en un mot, sur la plus stricte défensive. L'initiative du désarmement incombait à la Prusse qui avait armé la première ; l'Autriche se montrait toute disposée à suivre son exemple : telle est l'appréciation vraie de la situation au moment où la lutte allait s'engager.

Au point où les choses en étaient arrivées, avec le plan unitaire de M. de Bismark, avec les sympathies secrètes de Napoléon pour une partie de ce plan, avec le défaut d'autorité de notre diplomatie en Europe, il n'était plus possible d'espérer une solution pacifique. La voix du canon se fit bientôt entendre en Allemagne et en Italie ; l'Autriche se vit simultanément attaquée au nord par les armées prussiennes, au midi par les troupes de Victor-Emmanuel.

La fortune sembla d'abord lui sourire. Elle infligea à Custozza un rude échec à l'armée italienne, obligée de repasser le Mincio. Il n'en fut pas de même en Allemagne. Les Prussiens, maîtres de la Bohême, vinrent offrir la bataille à Sadowa. Elle fut chaudement disputée ; jusqu'au milieu du jour les Autrichiens eurent le dessus, et ce fut seulement l'arrivée des cinquante mille hommes du prince royal de Prusse qui détermina le triomphe du roi Guillaume. Si l'Autriche avait eu à opposer à ce renfort les soixante mille soldats qui presqu'en même temps gagnaient la victoire de Custozza, les choses eussent bien changé de face. Ainsi, l'unité italienne a non-seulement inspiré la pensée de l'unité allemande, mais même, militairement parlant, elle en a fait la réalisation.

Les Prussiens l'emportaient sur toute la ligne ; ils battaient les Bavarois, forçaient à la retraite les contingents fédéraux groupés devant Francfort, occupaient la Bohême, la Moravie, et pouvaient, d'un instant à l'autre, marcher sur Vienne. L'empereur d'Autriche, ayant besoin de la concentration de toutes ses forces en avant de sa capitale, prit une suprême détermination. L'honneur des armes étant sauf en Italie, François-Joseph céda la Vénétie à l'Empereur des Français, sous la condition que celui-ci se porterait médiateur entre les belligérants et négocierait un armistice.

Napoléon fut pris au dépourvu par ce brusque dénoûment de la guerre. Ses prévisions recevaient un éclatant démenti. Sans doute l'unité italienne, but de ses désirs, était accomplie, mais la rapidité des opérations militaires avait été telle, la défaite de l'Autriche à Sadowa si complète, qu'il n'avait pas pu spontanément s'interposer, en temps utile, entre les combattants. Ses agents diplomatiques l'avaient mal renseigné sur les forces respectives des deux puissances. D'après leurs données inexactes, il croyait, de la part de l'Autriche, à plus de résistance et à une lutte beaucoup plus longue.

Quoi qu'il en soit, si l'Empereur des Français ne put de lui-même se porter médiateur, comme il l'avait espéré, la Providence lui ménagea encore la possibilité de remplir ce rôle lorsque l'empereur d'Autriche, dans son désastre, vient le lui offrir. Quel relief serait résulté pour notre influence si on savait tirer parti de la noble mission que nous conférait la cession de la Vénétie à la France ! Pour cela, trois conditions principales s'imposaient à l'action de notre gouvernement : d'abord embrasser ostensiblement, sans hésitation, la cause de l'Autriche vaincue, et, afin d'éviter devant l'Europe son trop grand abaissement, lui faire, pour ainsi dire, un rempart moral de la France ; arborer en second lieu notre drapeau sur la Vénétie, en déclarant à Victor-Emmanuel que cette terre désormais française ne serait rétrocédée à l'Italie que si elle concluait immédiatement et directement la paix avec le cabinet de Vienne; enfin, quant à la Prusse, si ses prétentions, exaltées par des succès inespérés, devenaient exorbitantes, la menacer d'une armée sur le Rhin, et dans le cas d'un refus opiniâtre, passer sans délai de la menace à l'exécutien. En résumé, le médiateur français eût dû prendre, à tout prix, après Sadowa, vis-à-vis de la Prusse et de l'Italie, l'attitude énergique qu'on eût déjà sagement fait d'adopter avant la guerre.

Le gouvernement impérial ne sut ni apprécier, ni remplir cette mission ainsi définie. Il n'avait jamais bien compris la nécessité de l'existence de l'empire d'Autriche sous le rapport de l'équilibre européen. Comment espérer qu'à ce moment décisif Napoléon, faisant une conversion subite, prît chaudement la défense de ce qu'il avait, sans relâche, travaillé à amoindrir? Aussi, sa ligne de conduite, manquant de promptitude, de résolution, fut pleine de tergiversations et de faiblesse.

L'Italie ne voulait pas traiter avec la France de la rétrocession de la Vénétie, ni avec l'Autriche de la paix, sans avoir consulté la Prusse, son alliée. L'Empereur ne se décida pas à imposer ses conditions à une puissance qui lui devait tant, et à laquelle la reconnaissance commençait à peser. Il en résulta des discussions, des lenteurs, et il ne fut pas possible au cabinet de Vienne de rappeler en Allemagne ses troupes assez à temps pour qu'elles contribuassent à diminuer les conséquences désastreuses de Sadowa.

A l'égard de la Prusse, Napoléon ne tint pas un langage plus comminatoire. Du reste ce langage eût été dépourvu de sanction. Car, non-seulement nous n'avions pas d'armée prête à se jeter au besoin sur les provinces rhénanes, mais il nous eût été même bien difficile d'en réunir une suffisante, notre matériel étant entièrement désorganisé par suite de la guerre du Mexique, tant la politique impériale s'était montrée imprévoyante au milieu de cette grande crise européenne!

M. de Bismark, mieux que personne, connaissait notre situation militaire. Quelle crainte pouvait-il concevoir d'un médiateur ainsi désarmé? Quelle autorité, quelle force présentait notre diplomatie pour s'interposer efficacement en faveur de l'Autriche?

Mais, objectera-t-on, l'intervention diplomatique du gouvernement impérial s'est fait sentir d'une façon sérieuse : elle a abouti aux préliminaires de Nikolsbourg, qui ont empêché l'entrée des Prussiens dans Vienne, et elle a amené la conclu sion du traité de Prague.

C'est être bien modeste, avouons-le, ou bien présomptueux que de se contenter de pareils résultats ou de s'en vanter comme d'un triomphe. Quel traité, plus que le traité de Prague, pouvait consacrer d'une manière aussi complète l'abaissement de l'Autriche et la suprématie absolue de la Prusse sur l'Allemagne? L'entrée des Prussiens dans Vienne aurait été une satisfaction pour la vanité du parti militaire, rien de plus. Elle ne modifiait nullement le fond des choses. M. de Bismark atteignait, par le traité de Prague, audelà même de ses espérances. Il arrivait au but de son ambition plus vite qu'il ne l'avait supposé. Car voici les principales stipulations de la paix signée entre les deux puissances allemandes.

La Prusse s'annexait purement et simplement le Hanovre, les duchés de Nassau, de Hesse-Cassel, les villes libres de Brême, Francfort, Lubeck, Hambourg, le Holstein et une grande partie du Sleswig. L'ancienne Confédération germanique était dissoute et remplacée par la Confédération de l'Allemagne du Nord, obéissant à la direction de la Prusse. L'Autriche se voyait exclue de toute ingérence dans les affaires allemandes, et en cas de guerre, la Bavière, le Wurtemberg, le grand-duché de Baden devaient unir leurs contingents à ceux de la Confédération du Nord, placés sous le commandement militaire et exclusif du roi Guillaume et de ses successeurs.

Humiliation, effacement de l'Autriche, établissement de l'unité allemande au profit de la Prusse parvenant à l'apogée de la puissance : tels étaient les tristes fruits de Sadowa et surtout de la politique habile, opiniâtre de M. de Bismark ; politique, ajoutons-le avec tristesse, que le gouvernement impérial ne sut ni prévoir, ni prévenir, ni combattre ; qu'il a, au contraire, favorisée, ou laissé sans opposition s'accomplir.

IV.

L'empereur Napoléon a contribué directement, nous l'avons vu, à créer l'unité de l'Italie ; c'était une grande faute. Sur la base de l'unité italienne il a laissé s'élever l'unité allemande ; c'était une seconde faute, cruelle aggravation de la première. Mais ne pas avouer ses fautes, les regarder au contraire comme un titre de mérite et d'honneur, c'est pire encore que de les commettre. En politique, aussi bien qu'en morale, l'impénitence est le comble de l'égarement. Elle suppose l'aveuglement de l'esprit qui a perdu la notion du vrai, du juste, du devoir ; elle exclut toute espérance d'amélioration et de retour.

Telle fut la situation du pouvoir impérial après le triomphe de l'unité italienne et de l'unité allemande. Non-seulement il ne regretta pas ces deux faits déplorables de politique étrangère, mais il les exalta et se fit gloire d'avoir travaillé à leur réalisation. Deux de ses organes les plus autorisés, MM. Rouher et de La Valette, le premier dans ses discours, le second dans ses circulaires diplomatiques, prônèrent à l'envi la politique unitaire appuyée sur le système des grandes agglomérations et des nationalités. En mars 1867, c'est-à-dire sept mois après

Sadowa , M. Rouher s'exprimait ainsi devant le Corps législatif à propos du projet de loi sur l'organisation de l'armée : « *C'est donc tout à fait indépendamment des résultats de la bataille de Sadowa, de la question de savoir s'il y a ou s'il n'y a pas une unité allemande, s'il y a ou s'il n'y a pas une Prusse hostile ou agressive*, que nous nous sommes dit : Il y a là une grande raison d'étudier l'organisation de notre armée. » Et dans une autre occasion : « La France, disait-il, ne doit pas s'offusquer ni être jalouse de la grandeur de la Prusse. La France n'a rien à redouter , elle n'a qu'à se réjouir du développement des autres peuples. » A un illustre orateur généralisant en ces simples mots son appréciation sur la politique extérieure de l'Empire : « *Il n'y a plus une seule faute à commettre* , » M. Rouher répliquait : « *Il n'y a pas eu une seule faute commise.* »

De l'aveu des plus chauds défenseurs du régime déchu, les grandes agglomérations unitaires résument l'ensemble de sa politique étrangère. Sacrifier les petits États, favoriser l'accroissement des grands, telle fut la clé de voûte de l'édifice.

Il convient d'examiner ce système en lui-même , d'en sonder la portée d'abord au point de vue des intérêts de la civilisation , ensuite au point de vue spécial des intérêts de la France.

V.

La Providence a voulu qu'un certain nombre d'hommes
réunis par les mêmes besoins matériels et moraux, vivant sous
le même climat, parlant la même langue, ayant les mêmes
limites naturelles, la même religion, les mêmes lois, for-
massent une grande famille qu'on appelle peuple ; que chaque peuple ainsi constitué possédât sa vie propre, devant se
perpétuer et non se confondre avec celle des peuples voisins.

Pourquoi tous les peuples ne sont-ils pas destinés à s'absorber les uns dans les autres pour ne faire finalement qu'une
seule agglomération universelle? C'est que le gouvernement
de l'homme par l'homme a ses limites comme tout ce qui
tient à notre nature bornée. Dieu peut seul réunir dans ses
mains infinies les rênes d'un immense empire. La capacité
humaine succomberait en cela sous le poids de son insuffi-
sance.

D'ailleurs la distinction des peuples répond à la loi générale de la création : variété dans l'unité. Les nationalités
sont des rameaux divers qui se rattachent tous à l'unité de
race.

C'est donc une utopie insensée et coupable que de vouloir

réagir contre cette loi divine. Les idées de monarchie ou de république universelle sont des rêves exploités par des ambitieux ou des fous. Sans doute, une politique humanitaire et chrétienne doit tendre à multiplier les rapports des peuples entre eux par la facilité des voies de communication, par le commerce, les échanges intellectuels, par une connaissance plus répandue des mœurs, des lois, des langues et des usages. On agrandit ainsi le règne de la bienveillance si désirable entre les hommes. Mais dans cette voie ne dépassons pas les bornes tracées par Dieu lui-même. Rapprochons les nations; ne les confondons pas.

Il existe une seconde loi providentielle aussi incontestable que la première, celle de l'inégalité. Elle apparaît partout dans la création, dans le monde matériel comme dans l'humanité, entre les individus composant un même peuple comme entre les différents peuples.

Observez tous les individus appartenant à une même société, que d'inégalités entre eux ! Ici, inégalité physique, intellectuelle; là, inégalité de caractères, d'aptitudes, de passions, de vertus; en un mot, inégalité sociale. Vous aurez beau déclarer les habitants d'un même pays égaux devant la loi, vous aurez beau donner à tous l'égalité des droits civils et politiques, l'inégalité sociale subsistera toujours.

La même loi régit les peuples. L'inégalité, que j'appellerai internationale, correspond à l'inégalité sociale. Les nations présentent, comme les individus, des inégalités bien sensibles : inégalité de territoire, de puissance matérielle, de mœurs, de vocations, de gloire, de grandeur.

Il y a deux raisons principales de cette loi supérieure d'inégalité sociale et internationale. La première se rapporte au plan de l'univers que nous mentionnions tout à l'heure : unité dans la variété. L'inégalité produit la variété. La seconde a trait à l'idée générale du devoir qu'engendre l'inégalité ; le devoir, c'est-à-dire l'accomplissement de la loi morale qui est le but suprême de tous les hommes ici-bas et la règle de leurs rapports.

Dans les sociétés humaines, les uns ont la force, les autres la faiblesse en partage. Ai-je besoin d'ajouter qu'il s'agit ici de la force et de la faiblesse prises dans leur acception la plus large et la plus élevée ? D'un lotissement si différent naît la réciprocité des devoirs de protection et de respect, qui forme la base de l'harmonie entre les hommes. Sans ces rapports moraux, les inégalités sociales seraient une cause incessante de luttes, d'oppression ; ce serait l'état barbare. Plus une société pratiquera cet échange de devoirs, plus elle s'avancera dans les voies de la civilisation. Le christianisme a le premier posé ces immuables assises des sociétés. Avant lui le monde était en proie aux abus de la force, au mépris de la faiblesse.

Ce que nous venons de dire des inégalités sociales s'applique aux inégalités entre les peuples. Les petits États sont nécessaires parce qu'ils rappellent à l'observation de la loi et du devoir international. Leur existence est la personnification du droit, l'affirmation de la force morale. Le devoir et le respect des traités sauvegardent seuls leur autonomie. Leur faiblesse même devient le titre de leur conservation.

De plus, les petits États sont des rouages indispensables pour l'équilibre et la paix du monde. Ils rendent moins fréquents les chocs entre les grands États leurs voisins ; s'ils ne les empêchent pas toujours, ils les amortissent, et leur neutralité est un bienfait.

Plus un peuple, dans sa législation intérieure, accordera de protection à la faiblesse, plus, dans ses relations internationales, il professera de respect pour les petits États par son observation scrupuleuse du droit des gens et des traités, plus ce peuple révélera la puissance de sa vie morale, c'est-à-dire sa vraie grandeur.

Contre ce fait providentiel de l'inégalité des États, de tout temps ont protesté l'ambition et l'esprit de conquête. De tout temps les grands et les forts ont voulu absorber les petits et les faibles. La fable du loup et de l'agneau sera éternellement vraie. Mais il était réservé à notre époque d'entendre ériger en système prétendu rationnel les pensées ambitieuses des conquérants. Sous le second Empire, des hommes politiques ont posé comme principe général des rapports internationaux la théorie des grandes agglomérations formées d'après la similitude du langage. Suivant eux, un peuple sera d'autant plus heureux que ses frontières seront plus reculées. La nature des choses et l'expérience démontrent les illusions et les périls d'un pareil système.

Nous l'avons déjà dit, au-delà de certaines limites de nombre et d'étendue, les nations sont difficiles à gouverner. Elles dépassent la portée de la nature finie de l'homme. Une trop vaste agglomération ne peut aboutir qu'à ces deux termes : à l'anarchie, d'où naît la dissolution, ou au despotisme, qui engendre la servitude.

Tel ne peut être le but normal des sociétés chrétiennes. L'idéal d'un gouvernement régulier, c'est l'ordre appuyé sur la liberté, c'est la dignité du prince et du sujet garantie par le respect réciproque de l'un pour l'autre. Lorsqu'un empire excède certaines proportions, il faut au centre un bras de fer, se faisant sentir jusqu'aux points les plus extrêmes, afin d'empêcher la désagrégation des parties qui composent un si immense ensemble.

Les nations dont la population et le territoire se renfermèrent dans de justes bornes ont toujours été les plus libres et les plus prospères. Rome tomba dans les proscriptions et finalement sous le joug de l'oppression la plus honteuse quand ses frontières embrassèrent presque tout le monde connu. L'empire de Charlemagne s'écroula par le seul poids de ses proportions gigantesques. De nos jours, quel profit la France retira-t-elle des prodigieuses conquêtes de Napoléon Ier ? Le despotisme d'abord, ensuite l'invasion.

La théorie des grandes agglomérations n'est donc pas un bienfait pour un peuple, puisqu'elle conduit au triomphe de la force brutale, au nivellement césarien. La civilisation repose sur la prédominance de l'idée morale, et non sur celle du nombre.

Mais, disent les partisans du système, nous ne prêchons les agglomérations qu'entre groupes parlant la même langue.

Je répondrai que si le langage forme l'un des principaux éléments des nationalités, il n'est pas le seul. La religion, les traditions, les souvenirs, les intérêts, les limites naturelles, le temps, les lois, les traités établissent entre les hommes des liens aussi sacrés que le langage. Briser ces liens, n'est-ce pas violer toute notion de justice, n'est-ce pas attenter aux droits d'un peuple ? Où mènerait, d'ailleurs, l'application de ces idées étranges? Ne serait-ce pas pousser à l'absorption de la Suisse française par la France, de la Suisse italienne par l'Italie, de la Suisse allemande par la Prusse? Ne serait-ce pas légitimer la conquête de nos belles provinces de Lorraine et d'Alsace par l'empereur d'Allemagne victorieux?

Répudions de semblables doctrines, au nom de l'équilibre et de la paix du monde, au nom de la prospérité, de la liberté des peuples, au nom du respect de la morale et des traités.

La politique étrangère du second Empire, qui appliqua cette funeste théorie aux questions de l'unité italienne et de l'unité allemande, qui sacrifia les petits États au développement de ces deux grandes agglomérations, fut donc entièrement opposée aux intérêts de la civilisation.

VI.

Mais que dire de cette politique sous le rapport spécial des intérêts de la France? En admettant même que l'unité italienne et l'unité allemande fussent de nature à favoriser la prospérité de ces deux pays (je crois avoir suffisamment démontré le contraire), cette réalisation unitaire a-t-elle apporté un avantage, un seul, aux destinées de notre chère patrie? N'a-t-elle pas plutôt tout compromis, tout perdu?

Au lieu de suivre l'œuvre traditionnelle de la monarchie, qui consistait à nous laisser entourés de petits États neutres ou alliés, le second Empire a mis à notre porte l'Italie, puissante concentration de vingt-six millions d'habitants, appelée, par l'étendue de ses côtes, à nous disputer un jour la possession de la Méditerranée; l'Italie, unité fatale qui déjà nous enlace de son influence et qui a placé un prince de la dynastie piémontaise sur le trône d'Espagne, où s'asseyait autrefois un prince français.

Quant à l'Allemagne, le gouvernement impérial s'est trompé d'époque. Il a pratiqué la politique anti-autrichienne de François Ier, Henri IV, Richelieu, Mazarin. Elle n'avait plus sa raison d'être. L'Autriche déclinait; il fallait être aveugle pour ne pas le voir, et nous avons tout fait pour hâter sa décadence! C'était la Prusse qui montait d'une manière menaçante; c'était contre elle qu'il convenait de reprendre l'ancien plan de la royauté française, et nous avons tout fait pour faciliter l'agrandissement d'une puissance déjà si formidable!

Beaucoup de petits États ayant été absorbés, grâce à notre complicité dans la violation des traités qui assuraient leur existence ou grâce à notre indifférence égoïste, nous nous sommes laissé envelopper par un réseau de grandes masses unitaires. Nous nous sommes trouvés presque sans États neutres autour de nous, et sans alliances, car c'est surtout avec les États faibles et par leur intermédiaire que se contractent les alliances durables.

Lesquelles pouvait nous donner la politique extérieure de l'Empire? Était-ce celle du Danemark? Nous l'avions abandonné. Celle de l'Italie? Elle nous témoignait sa reconnaissance en s'inféodant à la Prusse depuis 1866. En fait de secours, nous n'avions à attendre de l'Italie que l'élément garibaldien, source de désorganisation militaire et sociale. L'alliance de l'Autriche? Nous l'avions trompée, humiliée, amoindrie. Celle de la Russie? Cette alliée naturelle de la France, nous l'avions indisposée contre nous par la guerre de Crimée faite au profit de l'Angleterre, et sans nul bénéfice sérieux pour notre influence en Orient.

Ainsi, en présence des agglomérations de l'Italie et de l'Allemagne, la France était isolée, sans alliances possibles, sans États intermédiaires susceptibles d'empêcher ou d'amortir le choc. En tenant compte de l'arrogance toujours croissante de la Prusse, surexcitée par une suite non interrompue de succès, en tenant compte de l'humeur guerroyante de Napoléon III, qui aimait à parodier la gloire militaire de son oncle, il était évident que le moindre prétexte rendrait entre la France et la Prusse ce choc inévitable, et que nous étions placés dans les plus mauvaises conditions pour le soutenir.

La politique unitaire du second Empire a valu à la France cette situation fatale d'être condamnée, tôt ou tard, à avoir la guerre avec la Prusse et de n'être préparée ni diplomatiquement ni militairement à cette lutte devenue certaine.

La politique des grandes agglomérations est donc une des premières et des principales causes de nos malheurs. L'Empereur, qui l'a exaltée et pratiquée, doit être comptable des désastres accumulés par de telles fautes sur notre infortuné pays. Mais il eut, reconnaissons-le, de nombreux auxiliaires et complices, d'abord dans la majorité trop docile du Corps législatif et du Sénat, puis dans les rang de l'opposition. La plupart des républicains parlementaires acclamèrent le triomphe de l'unité italienne et de l'unité allemande.

Le journal *le Siècle* applaudit aux succès du comte de Cavour et du comte de Bismark. Tous les partisans de l'idée républicaine, y compris ceux qu'on appelle aujourd'hui les honnêtes, les modérés, obéissant au cosmopolitisme, secondèrent par leurs discours et leurs écrits, la politique étrangère du gouvernement impérial. Alliés des Garibaldi, des Mazzini, des Cavour, ils espéraient, au moyen des agglomérations unitaires, voir passer un jour dans les faits leurs utopies de république universelle basée sur la fraternité des peuples.

Les hommes d'État du régime déchu, et non moins qu'eux

les républicains de vieille date, ont voulu faire table rase à l'intérieur et à l'extérieur des traditions de notre politique nationale. Pour les premiers, l'histoire séculaire de la France se réduit à vingt-huit ans d'Empire ; pour les seconds, à dix-sept ans de république. Que les uns et les autres soient donc responsables devant le pays d'une politique extérieure aussi contraire aux intérêts de la France qu'à ceux de la civilisation.

Le second Empire a reçu déjà le châtiment de ses fautes ; il a subi la peine du talion. Il avait établi son système politique, au dedans et au dehors, sur le nombre, élément aveugle, sur les grandes concentrations de suffrages et de peuples ; au dedans comme au dehors il fut renversé par elles. Rapprochement providentiel ! Le 4 septembre 1860 avait eu lieu, à Chambéry, l'entrevue de Cialdini et de Napoléon au sujet de l'invasion prochaine des Marches et de l'Ombrie ; dix ans après, jour pour jour, le 4 septembre 1870, la déchéance de l'Empire était proclamée !

La peine du talion est également venue frapper les républicains eux-mêmes. Fidèles à leurs tendances cosmopolites, ils avaient fait appel aux frères et amis de l'univers pour les aider à fonder la République, afin que de la France elle rayonnât ensuite sur le monde. La formidable insurrection de Paris, mêlée de tant d'éléments cosmopolites, a répondu à cet appel, et a gravement compromis la forme républicaine.

C'est que Dieu, auquel beaucoup ne veulent pas croire, n'abandonne jamais ses droits sur les destinées des sociétés humaines, droits qui sont ceux de la morale et de la justice éternelle.

Malheureusement, l'Empire et les républicains n'ont pas été seuls à supporter les conséquences de leurs erreurs. Avec eux la France a roulé dans l'abîme. Il est grandement temps de songer à l'en retirer, si l'on ne veut pas qu'elle succombe. Que faut-il pour la rappeler à la vie?

« Les peuples périssent, a dit Capefigue, moins par les catastrophes militaires que par les fausses doctrines. »

Nous tous, qui sommes sincèrement dévoués à notre noble pays, puissions-nous nous pénétrer de cette pensée profonde ! Disons-nous bien que nos cruels malheurs sont les châtiments et les fruits d'une désorganisation sociale complète et de l'anéantissement chez nos gouvernants, et surtout chez nous-mêmes, des principes de moralité politique. Hélas ! nous avons trop oublié que la grandeur matérielle n'est pas tout, qu'elle est primée par la grandeur morale, comme le corps est subordonné à l'intelligence. La vraie et solide puissance d'une nation dérive, non pas tant de son étendue territoriale, du nombre de ses soldats, que de son autorité, de sa force morale, c'est-à-dire de son respect du droit et de la justice au dedans et au dehors.

Pour rendre à la France la grandeur qu'elle a perdue, il faut suivre avant tout une politique honnête, stable, qui, en s'occupant du présent, tienne compte du passé et se rattache à l'avenir. La vie d'un peuple, semblable à celle de l'homme, se compose de ces trois termes, indivisibles l'un de l'autre, solidaires entre eux. Leur homogénéité, leur harmonie forment l'unité de l'existence, son équilibre et sa force.

C'est une vie désordonnée, confuse, anormale, que celle où cet équilibre fait défaut, où le présent, ne s'appuyant pas sur les racines du passé, ne se relie pas non plus aux espérances de l'avenir.

La réalisation de cette politique honnête, traditionnelle, seule capable de mettre fin à nos épreuves, ne peut se produire qu'au moyen d'institutions sociales permanentes, de groupes collectifs indépendants et forts, de principes gouvernementaux nettement définis, sincèrement reconnus et pratiqués.

Tout le système social et gouvernemental repose aujourd'hui en France sur des individualités, sans aucun lien entre elles, que la passion ou l'intérêt fait agir, et que le sable mouvant du suffrage universel élève ou abaisse tour à tour.

Les questions de personnes tiennent une place presque exclusive dans les préoccupations des esprits. En l'absence d'institutions sociales et de principes de gouvernement, les ambitions d'en haut, les convoitises d'en bas se déploient à leur aise; elles ont le champ libre pour s'assouvir au détriment des intérêts généraux. Ce n'est pas dans de telles conditions qu'une nation conserve sa force, sa vitalité, ou qu'elle les retrouve quand elle les a perdues.

Les hommes, quel que soit leur mérite individuel, n'ont de valeur efficace que par les principes qu'ils représentent. La personnalité humaine, en raison de sa petitesse et de sa durée, pèse peu dans la vie d'un peuple. Si, depuis quatre-vingts ans, la France a subi tant de malheurs; si tant de gouvernements différents se sont succédé; si nous avons payé, par des commotions, par des désastres, les frais de premier établissement de ces révolutions incessantes; si tant d'inconséquences et de contradictions se sont révélées dans notre politique intérieure et étrangère; si, en un mot, nous avons reculé plutôt qu'avancé dans le chemin de la civilisation, c'est que nous avons abandonné la voie des principes, et que nous nous sommes égarés dans celle, attrayante peut-être, mais toujours funeste, des gouvernements ayant pour unique assise la personnalité. On peut hardiment l'affirmer, l'individualisme tue la France. Or, il n'y a réellement que deux principes applicables au gouvernement des sociétés chrétiennes : le principe héréditaire et le principe électif ou républicain. Toute autre forme de gouvernement, quel que soit son nom, n'est que le composé de l'un ou de l'autre.

Le principe héréditaire représente surtout l'ordre, la stabilité ; mais il peut donner la liberté, et l'a donnée. Le principe électif représente surtout, dit-on, la liberté, le progrès ; il pourrait donner l'ordre ; il le donne à la Suisse fédérative, aux États-Unis d'Amérique ; mais il n'a jamais su l'apporter à notre patrie dans les conditions d'unité et d'indivisibilité qui la constituent.

Le principe héréditaire a duré quatorze siècles ; il a fait et conservé la France. Le principe électif a produit beaucoup de ruines, dont les débris jonchent encore le sol. Saura-t-il les relever ?

C'est à la France à choisir. Qu'elle se hâte ! car la situation actuelle, provisoire et sans lendemain, présente mille dangers. La forme du gouvernement n'est pas, comme on le suppose, indifférente et sans influence sur les destinées d'un peuple. La main la plus habile ne saurait pratiquer long-temps un système d'équilibre politique dans lequel le salut ou la perte dépendent de la rupture du fil le plus fragile.

Mais qu'en faisant son choix entre ces deux principes fondamentaux la France n'aille pas chercher un refuge dans leurs contrefaçons bâtardes, dans une république socialiste et internationale, ou dans ces semblants d'hérédité commençant par un coup d'État et finissant par une invasion. Puisse notre cher pays éviter désormais les gouvernements d'expédients et d'aventures !

15 août 1871.

Nevers, Imp. et Lith. FAY.